김효순 시집

빗소리는 비의 소리가 아니다

김효순 시집

빗소리는 비의 소리가 아니다

초판인쇄 2022년 4월 5일
초판발행 2022년 4월 11일

지은이_ 김효순
발행인_ 이현자
발행처_ 도서출판 현자

등　록_ 제 2-1884호 (1994.12.26)
주　소_ 서울시 중구 수표로 50-1(을지로3가, 4층)
전　화_ (02) 2278-4239
팩　스_ (02) 2278-4286
E-mail_001hyunja@hanmail.net

값　11,000원

2022 ⓒ 김효순 Printed in KOREA

무단으로 내용의 일부를 인용하거나 복사, 발췌를 금합니다.

ISBN 978-89-94820-75-0　　03810

김효순 시집

빗소리는 비의 소리가 아니다

도서출판 현자

시인의 말

소중했던 인연들을 연거푸 보내고
미련했던
후회와 아픔과 공허함이 몰려와
모두 다 비우고 싶었다.
늦었지만
좀 더 넓게 깊게 멀리
원의 축에서 보는 시선을
가꾸려 한다.

洗心堂에서

차례

시인의 말 …5

1부_ 빗소리는 비의 소리가 아니다

연꽃 …12
기울나무 …13
빗소리는 비의 소리가 아니다 …14
노을 …16
마른 얼룩으로 남을 …17
竹 …18
겨울갈대 …19
날지 않는 새 …20
버린 것들의 역습으로 …21
물레방아 …22
솟대 …23
새는 뒤로 날지 않는다 …24
박꽃으로 핀 여인 …26
해무 …27
연기 …28
50분의 여행 …30
내가 만드는 상처 …33
간헐천 …34
소리 없는 지배 …35

2부_ 묵정밭으로 간다

묵정밭으로 간다 …38
잔불 …39
다비식 …40
이별 준비 …42
그리운 건 향기 …44
첫 고드름 …45
이별 통보 후 …46
별이 없는 날에는 …48
빈 집 …49

3부_ 소주 늪에 들다

그 쓸쓸함을 본다 …52
겨울바다도 …53
답설무흔 …54
민들레 …55
소주 늪에 들다 …56
요만큼 …57
흘림골 …58

차례

만화경 …60
연리지 …61
취화선醉畵仙 …62
우성인자 …64
강 …66
넝쿨손 …67
눈으로 갇힌 세상 …68
세상살이 …69
눈 내린 겨울 산 …70
어떤 이별 …72

4부_ 새는 꽃이 질 때 운다

고해성사의 아침 …76
수행 중 …77
분재 …78
새는 꽃이 질 때 운다 …79
이때쯤이면 …80
어두워질 때까지 …82
선운사 동백 …84
조개 무덤 …85

그렇게 고요 속이면 ···86

나를 태워 주소서 ···87

밧줄 ···88

鐘(쇠북) ···90

보이지 않는 얼룩 ···91

또 그렇게 가을이 온다 ···92

침전의 시간 ···94

3월의 강 ···95

미꾸라지 ···96

바람재 ···98

소실점消失點 ···99

태풍의 눈 ···100

3월의 몸살기 ···102

나무새의 이별 ···104

론강의 별이 빛나는 밤 ···105

늦가을 비 내릴 때면 ···106

22시에 ···107

이 가을에는 ···108

빨간 사슴 ···109

원앙을 품은 장흥 ···110

고갱이가 되다 ···111

차례

5부_ 눈물은 눈에서 생기는 게 아니다

알토의 소리로 …114
솔밭에서 …115
갯벌 …116
청령포 관음송 …118
태엽 …120
농막에서 …121
눈물은 눈에서 생기는 게 아니다 …122
산천재 남명매 …124
선암사 古梅 …125
원정매 …126
고사목 정당매 …128
고사목 위에 흐르는 구름 …130
그리움으로 피는 봄 …131
흰 구름 흘러가듯이 …132
새해 …134

1부

빗소리는 비의 소리가 아니다

연꽃

희망을 놓쳐버려
숭숭 뚫린 구멍
수장되어 버린 꿈을 찾아
위로 위로
목을 빼 본다
악착스런 욕망을 찾아
수면 위로
둥둥 떠오르면
호숫가에 앉아
맞아주는 세상 있어
살아 있는 피는
다시 흙 속에 묻고
매운바람에 실린 마른 피는
꽃을 피웠다고 하네
그렇게
불온하게
바람과 살았네.

가을 나무

너는
가릴 게 없어 다 벗는구나
나는
굴속에
숨죽이고 있어도
겹겹이 입어야만 하는데……
다음 해에는
한 겹이라도 벗을 수 있을까?

빗소리는 비의 소리가 아니다

귀뚜라미 우는데
빗방울이 떨어지고
나는 마루 끝에 걸터앉아
초라한 빗소리를 듣는다
비는 이 소리가 제 소리가 아니란다
지붕에 부딪히는 소리이고
땅에 닿는 소리이고
우산에 부딪히는 소리란다
진정 소리 없이 왔다 가고 싶었단다
세상엔 기다리는 이도 있고
기다리지 않는 이도 있다기에
힘들지만 왔다고……
그랬구나
길바닥을 기어
구정물도 되어 보고
바람 앞에 휘둘려도 보고
천둥번개 속에 악도 질러보고
강물도 되어 보고
바다까지 가 보아라
삶이란

내 뜻대로가 아닌지 몰라
빗소리는 비의 소리가 아니듯.

노을

높은 계곡을 흘러
맑은 눈빛으로
명정한 의지를 갖고
살아 도착된 바다에
폭풍에 찢기는 정신줄
절대 놓치지 않으며
사랑의 뿌리마저
황홀한 비애로 느끼며
노을 한 자락
자유의 날개를 편다
진실과 허상의 삶에 엉켜
거대한 불꽃을 일으킨다
등신불이 되신
나의 어머니가

마른 얼룩으로 남을

담배 피워 물고
하품하는 공사장 인부
점심때를 즐기고 있다
이 가을
난 또 어디로
어디로 마음 돌려야 하는 건가
아스팔트 위에
마른 얼룩
가을 비 왔다 간
자취를 느끼게 한다
생의 소도구들을 태울
그 아름다울 수 있는
가을빛 속으로
들어와 있다.

竹

시퍼런 삶 살아도
텅 빈
마디 뿐

겨울 갈대

시퍼런 절창으로
살아 온 한 시절 그리워
추억으로 뜨거워지는 목젖
텅 빈 얼음판 위에
낡디 낡은 백로의 깃털 죽지처럼
털어버린 볏짚 되어
그리 오래지 않은 기억마저
고개 숙인 날들로 가득하다
쓸쓸한 겨울 볕에
저무는 강가
빈 것이 너 뿐이랴
해오라기 혼자 앉아
독백하던 돌 위에
칼바람 스치고,
쩡쩡 갈라지는 얼음판
아픈 울음소리에
바싹 마르고 깡마른
정신만 온전한
늙은 줄기만 휘적휘적,
느린 시간 사이로
언제 봄이 오려는가.

날지 않는 새

날지 않는 새가 있을까
아니
날지 못하는 새가 아닐까
아니
날지 않아도 되는 새가 된 것은 아닐까
나는 아직
날지 않아도 되는 새가 아니다
그러면
날지 못하는 새일까
아니면
날지 않는 새일까
분명한 것은
내가
펭귄*은 아니라는 사실이다.

*펭귄은 환경에 적응되어 날지 않아도 되는 새가 되었다.

버린 것들의 역습으로

산다는 것은
생각을 디자인해 내는 일
수 없이 많은 선택이 있고
포기 없는 선택은 없다
그렇게 최선을 다해 달려
길 끝에 서면
뭔가 있을 줄 알았건만
버린 것들의 역습으로
아쉬움과 안타까움에 휩싸인다
소소한 듯
소소한 것이 아니었던
비로소 보이는 것들이
삶을 뒤바꾸어
지금 난
이정표 없는 사막 위에 있어
어디에 있는지 몰라
아무에게도 못 가르쳐 준다
그러나
그러해도
나의 길을 바꿀 수 있는 사람은
오직 나 뿐이다.

물레방아

바쁘게 사는 것이
열심히 사는 것이라고
굴레가 되어버린 물레방아
감당할 수 없을 만큼 버거워지면
고개를 떨구며 살다가
동지섣달 얼어붙어
쉬는 동안
전생 같은 시간의
뼈다귀가 처참히 보인다
가슴으로 살았는가
머리로 살았는가
노력하는 건
나의 일이고
결과는
나의 일이 아닌 것을,

솟대

영혼이 머문 곳을 바라보고 있는
새 한 마리
독경을 한다

바람을 가르는 삶이었소
창공에 사는 몸이었소
허공에 묻히는 몸이 되었소
도의 도량이
허공이 될 줄이야

죽은 나무 끝에서
탈육脫肉한 신령神靈이여
등이 휠 것 같은 삶에 접속된
수호신이여

새는 뒤로 날지 않는다

허공을 나는 것이라 하고
바람을 가르는 것이라 하지만
허공을 안아야만 사는 삶에
바람은 날 수 있는 힘이다
새가 되고 싶다고
함부로 말하지 마라
비워진 살붙이
털(毛)은
살 찌우지 않는다
히말라야를 넘나드는
독수리가 되기 위해
눈(雪) 속의 먹이를 찾아
원시안이 되어야 하고
순간 속도를 익히기까지
죽기 아니면 살기 이었다
사람이 내미는 새우깡을 따라가는
갈매기로 살고 싶지 않다
그저 저 하늘이
받아 줄 때까지

절망 속에서 더욱 빛나는
희망을 찾아
뒤로 날지 않는
순리대로
살고자 할 뿐이다.

박꽃으로 핀 여인

아주 깊은 산중 암자에
버려진 듯
버린 듯
혼을 가다듬어
스며든 산골에
봄볕 화사해
이름 모를 꽃 지천인데
불당의 냉기
오롯이 몸으로 안듯
속세의 업이
아직도 묻어나 아린,
달빛 받아 박꽃으로 핀 비구니
살포시 가슴 내어주고픈 마음에
내 사랑 전부 넘겨주고
텅 빈 육신이 되어
어쩌면
내가 앉았을 그 자리를
부러워하며
떠나왔다.

해무

햇살 비추면
낮에 이는
비늘살 눈부실 때
순하디 순한 몸으로
불 붙는 순간 죽느니
낮춰야
낮춰야 사느니
접근금지 구역 해안에서
철길 건너
솔밭으로 스며든다
솔가지 사이사이로
포근한 빛이 스며들면
갈길 포기한 채 잠이 든다
불법 체류한
수 없는 날들을 그렇게 산다
오늘은
불상에 등을 기대고 싶다
차라리
하늘 길
용오름이 되고 싶은 날

연기

삶의 근육들
아직 안착되지 못한 것은
자유를 원한다
바람처럼
구름처럼
그리고 나처럼,
뿌리 내린 것은
질서를 원한다
산처럼 바다처럼
그리고 너처럼,
그러니까
나는 태웠어도 풋 것이고
너는 영근 것이다
나의 마음은 꿈에 있었고
너의 마음은 현재에 있다
그러해서
나는 강처럼 흘러야 하고
너는 묵은 연못이어야 하므로
점점
멀어져 간다

어설퍼 태운
젖은 장작의 허열을
바람 거슬러 지운다는 게
얼마나 눈물겨운 일이랴마는
거스르는 것이
순리일 때도 있다

50분의 여행

비행기
날개가 내다보이는
맨 뒷좌석에 앉아
여행을 떠난다
하늘 창으로
군데군데 얼음 구덩이들
허옇게 마음의 멍처럼 내다 보이고
구조물들 잘디 잔
모자이크 무늬로 보인다
열정을 펼치지 못 해
답답했던 삶의 뿌리가
한으로 묻힌 곳,
벗어나고 싶어도
벗어날 수조차 없어
얼마나 몸부림치며
죽음 같은 시간을 보냈던 곳이던가
멀미 같은 설움이 울컥 차오른다
8500피트 상공에
815키로의 속도로 날고 있다는데

몸뚱이 하나 앉아 있을
자유 밖에 없는 지금
두려움도, 생각할 것도 없이
편안함이 신기하다
내려가고 싶지 않은
저 지구에서 탈출한
나는 참으로
있으나 마나한 존재이었구나
강줄기는 혈관인 양
대지를 먹여 살리느라 바쁜가 보다
갈비뼈로 보이는 산은
땅을 지탱하고 있고
모여 웅크린 마을은
찬바람으로 헤매던 내겐
오붓함으로 보인다
어디쯤일까
도시인 듯 빈틈없는 모자이크와
실처럼 이어진 도로가 보인다
먼지 하나의 존재인 사람이
저 엄청난 세상을 일구어 냈다는 게

얼마나 위대한 일인가
그러한 인간 유전자가
내 속에도 있다는 거다.
희붐했던 수평선도 없어지고
하늘과 바다가 하나 되어 있다
그러해서
그렇게 살아내야 하는 것이다
날개 밑으로 보이는
흰 눈 이고 있는
어머니의 섬 제주
한라산이 두 팔을 벌려
끌어안아 주려 한다
저 따뜻함에
나는 또
땅에 발걸음을 내어 딛는다.

내가 만드는 상처

이상한 돌 하나 던져졌다
사람으로 인해 상처 입어
용광로가 된 마음,
아픈 돌 하나
꺼내려해도
꺼내지지 않고
깨려해도
깨어지지 않는다
들춰진 옹이 하나
후벼 파며 아파하다
스펙트럼에 비친
묵은 독 있음을 알게 되었다
잠자리 날개 같던 때부터
패이기 시작해
아킬레스건이 되어버린 상처는
남이 주는 것이 아닌
내가 만드는 것
계속 피가 나고 고름이 나올 거라면
이젠
녹여 버려야 한다
상처를 진주로 만드는 조개처럼

간헐천

여기는 얼음의 땅
아이슬란드
눈 닿는 곳은
화산재로
온통 잿빛이다
살아있는 것은
숨통 하나 간헐천 뿐
참았던 거친 숨
세찬 물기둥으로 뿜는다
쏟아진 열기로 만든
안개 속을
몽환의 걸음으로 흐른다
오늘도 어제와 다름없는 일상
늦은 오후의 이방인
멈추고 싶었던 날들이었건만
땅 밑에는
아직도
불의 심장이 뛰고 있다
꿈은
접지 않는 사람에게만 쥐어 진다.

소리 없는 지배

눈 한번 껌뻑할 사이
천리 만리 돌다 오는
너는 누구냐
사랑이 깊어
미움 되는
너는 대체 누구냐
좋을 때는
한없이 너그럽다가도
토라지면
바늘 하나 들어 갈 틈 없이
닫혀 버리는
너는 누구냐
안으로는 가득 품고
끊임 없이 흐르는
너는 누구냐
그 변덕스러움
단속 못하는
너는 또 누구란 말이냐
수렁에 빠진
검은 그림자 하나
허우적거린다.

2부

묵정밭으로 간다

묵정밭으로 간다

다음 생에도 가기 싫은
구천 같은 생
이 생에서 살아 온,
마지막 힘을 지켜 줘야 할
목숨 하나 있어
묵정밭으로 간다
내 혼자 힘으론
도저히 못 견뎌
묵정밭에 말뚝 매러 간다
다 내려놓고 다 비운 줄 알았더니
도토리나무에 핏줄로 연결된
도토리 한 알 아직 붙어 있어
살아야 할 이유가 붙여지나 보다
다슬기 사는 샛강이 있고
밤이 오면 별 쏟아지는 곳
그 산간벽지
그 아름다운 곳
내가 그를 지켜 줄 수 있고
그가 나를 지켜 줄 수 있는,
늦정 터져 가슴 메이는
묵정밭으로 간다.

잔불

선잠 든 고단한 몸
아차!
장작 넣을 시간을 놓치고
벌떡 일어나니
반짝반짝 잔불이 눈을 뜨고 있다
고맙고
미안하고
사랑스럽기 그지없다
소중한 것은 큰 것이 아니었다
잔불 목숨을
부지하고 있는 사랑
부디
부디
불꽃을 다시 피울 수 있기를
장작 하나 집어 들다
버거울까
잔가지 몇 개 얹어본다.

다비식

영혼은 이미 삼일 전 떠나고
세상에 벗어놓은
껍데기 육신의 이별잔치
인간의 깨달음 시간은 여기까지

먼 길 떠나는 몸뚱이
어제 내린 눈으로 덮인
산속 깊숙이 안착되어
굴뚝으로 나오는
회색의 빛깔로
껍데기의 흔적마저 지워
기억만 남기고
세상 속에서 찌들은 허무를
꾸역꾸역 내뿜는다

나목의 삭정이 끝에 앉아 울어대는
까마귀 어두운 울음소리에
미안함과 고마움과
잘 가란 냉정한 인사말을 보내며

검은 상복은
다시
연기를 만들려고
검은 리무진을 타고
뒤돌아선다.

이별 준비

묵정밭에
눈 내린 날
밤 더 없이 환하고
별은 더 가깝게 빛난다
알 수 없는 일이지만
준비 없는 이별 앞에
두려움과 상실감으로
너무 슬퍼하지 않기 위해
오늘도
홀로가 되는 연습시간
별을 보기 위해
마당에 나와 앉았다
저 많은 별 중
어느 한 별
내게 다가와
고맙게도
외롭지 않게 살게 해주고
아침이 오면
서서히 사라져 간다

그렇게 안녕을 해야지
보내고 싶지 않다고
너무 슬퍼하는 것은
분노가 될는지 몰라
묵정밭에서는
아침, 저녁,
두 손으로 향을 사르며
무사히 지내게 해줘서
고마웠노라며
하루하루를 보내듯
언제라도
아름답게 보내 줄 수 있게 되기를……
너무 아픈 것은
악연이기에

그리운 건 향기

그립다는 건
보고 싶다는 것과는 다르다
그립다는 건
마음속에 흐르는
향기를 느끼고 싶다는
지독한 끌림
산다는 건
정을 쌓아가는 일
죽는다는 건
정을 끊는 일
쌓아가는 일보다
끊는 일이 더 힘든가 보다
마음대로 되는 일들이
아닌 줄 알았지만
진정
이별 후에야
사랑이 오는 것인가

첫 고드름

묵정밭으로 온 뒤
첫 고드름을 보았습니다
맑은 만큼 추운 것인지
한낮에도 녹아내리지 않았습니다
목숨 줄 같은 고드름
오늘은 톡톡 녹아내립니다
그대가 아픈 만큼 녹아내리는 듯
내 가슴도 녹아내립니다
고드름 밤새 커가는 줄 모르고 살아왔듯
병마가 저리 크고 있었으리니
내 무심했음에
죄가 사무치게 느껴집니다
낡은 지붕 끝에서 자라난 고드름
하루 종일 녹아도
한 방울 남기고 하루해가 집니다
생의 한 자락 희망 줄이
다시 이어지길 바라면서
하늘의 별을 보며
흐린 눈을 크게 떠 봅니다.

이별 통보 후

살다보면
내 뜻과 상관없이
이별을 고하는 인연이 있다
차곡차곡 쌓여
추억이 되어버린
욕심의 흔적들
어디론가 흩어져 사라진
텅 빈 무대는
부대끼며 살았던 오붓함마저
허공에
거미줄로 들어차 있어도 허전하고,
두리번두리번
현실을 되찾으려 애쓴다
세월의 시간들
귀퉁이 흙먼지가 되어가고
주인 잃은 빈 집
고독에 지쳐 허물어져 간다
새 집을 짓는 것만이
능사는 아닐 텐데

울컥울컥
사진 위에 얼룩만 남고
마음이란
참 요물이다.

별이 없는 날에는

3월인데
새벽이라 그런 걸까
하늘은 회색빛
별이 없는 날이다
뭐 하나 잃은 듯 허전하여
봄비도 좋겠지만
정든 친구처럼
며칠 묵었다 가는
눈이라도 오면 좋겠다
춘삼월이라지만
눈 내린 산야
산골 묵정밭 산수화만 하겠는가
한번만이라도
더 보고 싶은 심정은
정든 사람을 보낸 탓일지도 모르지
별이 없는 날에는
눈이라도 오면 좋겠다.

빈 집

사랑을 담은
사람을 잃은 집은
적막한 채 살이 녹는다
지붕엔 풀 무성하고
대문은 기우뚱
닫히지 않은 채
여름 가뭄에도
마당에 키만큼 자란 쑥대
빨래줄 버텨주던 장대도
자리 잡아 누워있고
마루 밑에
낮잠 자던 강아지 대신
거미줄만 어지럽다
햇빛도 녹슬어
부서져 내리고
추억만큼 쌓여있는 먼지가
가슴 무너지게 한다
푸른 삶
산책의 끝
빈 집 한 채 들어앉아
백발만 무성하다.

3부

소주 늪에 들다

그 쓸쓸함을 본다

언제부터인가
천공을 물들인
단풍나무의 붉음에 대하여
그 쓸쓸함을 본다
말할 수 없는 사랑이었음을 생각한다
나무였음으로 해서
서 있음으로 해서
너 물들었고
나 물들 수 있었다
푸르름에서 살고
붉음으로 필 무렵
단 한 번의 황혼으로
너
나
세상을 온통 태우고
질 수 있는
사랑이었음을

겨울 바다도

청포 바다는
그윽하게 눈이 내리다가도
바람을 만나
오르가즘을 느낀다
일어섰다 흩뿌리고
용트림 치다 무너지고
바다의 광기는
바람의 역마살을 만나
온몸으로 일구는
바람꽃 파도를 만든다
달빛 스며든
은빛 그림자로 살지만
겨울 바다도 가끔은
그렇게
미친 춤을 추어야
맑아진다.

답설무흔 踏雪無痕

밤새 눈 쌓여
발자국 하나 없다
발자국은 길이 된다
갈래 길 앞에 설 때도 있다
아무도 가지 않은 길
부지런히 걸으면
끝에 닿을 줄 알고
그 길
아무런 겁도 없이 왔다
어느새
땅거미 지고
신발 위엔 먼지만 수북하다
살아 있어야만
의미를 만들 수 있는 길
오늘도
동자승 걸음으로 또 가 보자
길을 만드는 일은
신의
허락이 있어야만 가능한 일인 것을,

민들레

살아 있으며 최악은
아무것도 못 하는 것
청국장 삭히는 냄새처럼
움집에서
정신이 썩어 간다
발효라는 명분이라도 있으면 좋겠다
나른한 봄빛에 나서본다
보도블럭 사이
노란 눈부심으로
눈에 뜨이는 너
세상 만족하는 얼굴이구나
바람에 걷어 채여 머문
깨어진 틈에서도
웃음 짓는 너
울지 않는구나
오호라
그렇게 살아가는 것이 삶이려니
마음 열고 웃어주니 사랑스럽구나
오가는 이 모두가 사랑하는구나.

소주 늪에 들다

허방을 밟고 막막한 날
하루를 죽이기 위해
소주沼소에 들어앉아
화를 자처한다
활활
녹두전 심지 하나 박고
제 안의 독을
속속들이 태운다
오늘은 오늘에 태워
빈 껍질로 돌아가는
하루만큼의 무게가
가벼워진다.

요만큼

오래간만의 해우
장떡 한 접시에
막걸리 한 병
헤롱헤롱 시간이 가고

장떡 한 조각
친구의 입에 넣어 주었더니
행복해 한다

요만큼이
세상에 부러울 것 없는
행복이다.

흘림골

설악의 외진 골
초입부터
장엄한 기암괴석
기를 뿜는다
살아 천 년
죽어 천 년
주목은
아예 수백 년 터 잡고도 푸르다
계곡 깊어 물길조차 숨이 찬다
청치마를 입었나
옥병풍을 둘렀나
구름 둘러메었나
천상에 오르는 길이다
조로서도 鳥路鼠道 인생길
떠나 왔음에도
오늘
새가 되고 쥐가 되어 본다
청산에 들어 구름 타고
주봉에 올라 구름밭에 앉아보네

예서 넋 놓으면
승천하려나?
날개를 달까?
우화의 전설이 생길 건가?

만화경

들여다본다
운명의 틀 안에서
실체를 찾아내기 힘든
내 안의 광기
사이코패스인가
천재성인가
우매함인가
나는
어디에 있는가
이리저리 돌려 봐도
나만 빼고
항상
제자리에 서서
착착
질서 정연한 현란함으로
우주도
지구도
세상도
모두 돌아간다
만화경 안의 나
정신 혼미하다.

연리지

겨울바람으로
울고 있는 너는
혈육일까
연인일까
나무는 물로 흐르고
사람은 피로 흐른다
어찌어찌 심장을 거쳐
그리움을 잡은 나무
나무는 잎으로 피고
사람은 마음으로 핀다
평생 변치 않을 마음은
어디로 흘러야 하는 것인가
너는 나무라
울어도 영원할 수 있고
나는 사람이라
웃어도 영원할 수 없는
마음이 있구나
몸은 패여 하나 되어도
형체 없는 마음은
그저 흐르는 바람인 것이라

취화선 醉畵仙

오관으로 氣가 통해야
편하다.
경치를 보지 말고 그 뜻을,
필선보다 心海를 읽어내라
마음에서 손으로
손에서 붓으로 전하고
붓에서 종이에 그리고(畵)
획에는
뼈대가 있어야 하고
원근에는
농담이 있어야
풍미 있음이라

오원吾園은
일 획이 만 획이고
만 획이 일획이라 하고,

만들어진 것에 의해
만들어지는 법

산 것에 의해
살고
죽은 것에 의해
죽어지는
것인데

우성인자

혈육 손孫
그 여린 조막손으로
안겨오면
내 거친 삶은 천상에 든다네
아장아장 걸음마로
안기면
내 팔은 번쩍 들어 올려
하늘에 감사한다네
그 순정珣淨한 눈으로
바라보면
내 눈은 정화되고 만다네
그 살가운 뽀뽀로
사랑을 주는 순간
온몸 녹아내린다네
사람만이
미숙아로 태어나게 함은
이 환상의 모습을
보여주고픈
신의 뜻이 아닐까

평생 할 사랑
이미 다 받고 있음인데
무슨 孝를 강요할 것인가
오늘도
까르르 웃음 한 줄 더 보려고
행복한 바보가 되고 만다.

강

너를 보면
가슴 에이는 것은
당연지사다
이리저리 등이 휘어가며
살아야 하는 지혜를 터득할 때까지
이곳저곳
생 살 떼어주며
살아야 함에도
바다를 향해
끊임없는 전진만이
허락된 길이라
늘 생기를 머금는 흐름만이
진정 아름답다는 것을
비로소
깨달았을 즈음
너는
강이라 불리고
나는
사람이라 불린다.

넝쿨손

포도나무
잎이 나고
열매 열리기 시작하더니
바람의 시달림에
넝쿨손이 생겨나
잡히는 대로 감아 쥔다
허우적거리며 살다보면
한 가닥 의지할
사랑이란 것이 있지
인연의 끈을 의지해 사노라면
부질없는 인연도 있어 상처를 준다
그것도 삶일진대
포도알 탐스러이 영글 때까지
아파하지 말아야지
벌레까지 끼어 들게 해선 안되지
애초에
나를 찾아드는 햇빛은 없었다
빛을 찾아 부지런히 길을 가야 한다
감아줄 때는
나를 버려
나를 만들 수 있다.

눈으로 갇힌 세상

세상은 폭설로
온전히 갇혀 버렸다
설화목 가로수
사열한 길을
검은 리무진에
나는
영혼 되어 실려 가고
그 뒤에
나의 전생 집시가
검은 머리엔
붉은 장미 꽂고
겉은 검고 속은 붉은
망토를 헤집는
플라멩고를 추며 따라온다
서럽고 고달파도
자유만이
진정 행복인 것이라며

세상살이

도공이 가마에
불을 댕긴다
유약 바른 사람은
빛깔 좋게 흐르길 바라고
화공은
좋은 그림 나오길 바라고
가마주인
멋진 그릇 나오길 바란다
정작
그릇 빚은 도공 왈
마음대로 다 되겠소?
불이 만들어 주는 것인데……
세상살인들
어찌 다를까마는

눈 내린 겨울 산

겨울을 온몸으로
견디며 살아야 한다는 것
두렵고
고통스러운 불편한 현실
우수 경칩이 지난 이제
봄의 설렘은
햇빛, 바람, 봄비, 나비, 꽃이
그 안에 있음이어라
살아감의 봄, 여름, 가을
숨차게 살아내고
다 비웠다 생각했다
눈 내린 아침 산에 오르며
비로소
나의 겨울을 보았다
텅 빈 암울함이라 생각했던
겨울은
봄, 여름, 가을을 품고
태교에 들어 있음이다
새로운 삶을 잉태한

신세계를 열고저
견디어 내고 있다.

어떤 이별

말없이
눈빛으로 통하던 정을 잘라내고
흐르던 마음을 닫는다는 것은
얼마나 애달픈 짓인가
빛을 거스르며
어둠 속으로 보낸다는 애처로움에
슬픔은
눈물을 무기처럼 쏟아내고
이별도 순리라 하지만
붙잡고 싶은 것도
순리인지라,
알 수 없는 허기를 채워야 하기에
젖은 마음을 자르고
위로의 마음 열어본다
하늘로 올라
자유의 길을 가는 것이라고
눈물의 뿌리를 지워본다
그래도
그 눈빛을 한 번 더 보고파

사진 한번 들여다본다
부디
축생 아닌
환생을 기도한다
미안하다
고마웠다.

4부

새는 꽃이 질 때 운다

고해 성사의 아침

중년의 겨울
밤새 소리 없이
순백의 세상을 연다
고해성사를 마친 아침이다
발자국 하나 없는
밀납의 세상
살면서 가끔 지우기도 하지만
누군들 발 내어 딛기를
거침없이 할 수 있겠는가
햇살이 먼저 눈을 뜨고
바람은 잔잔히 몸을 누인다
산새가 입을 열며
먹이를 찾아 날고
헤르만 헤세의
생선 가시 같은 나무 가지가
파르르 몸을 털 때
도시의 분자
출근 준비를 서두른다.

수행 중

이번 생은
사는 것이 아니고
수행 중이외다
부부간은 업이며
자식은 부처이며
나는 보살 행 중이외다.

분재

언제부터인가
온몸은
칭칭 수갑이 채워져 있다
그렇게 살아가야 하는 것이라고,
화분에 앉혀질 때는 몰랐다
그렇게 길들여 사노라면
행복할 거란
무언의 약속대로 살고자 하지만
오늘도
구불구불 주어진 만큼에서
자유의 길을 찾는다
제발 뻗대지 마라
그럴수록 상처만 남는다
지금의 나도
상처뿐이다.

새는 꽃이 질 때 운다

새는 꽃이 질 때 운다
온몸으로
어쩔 도리가 없을 때
눈물이 난다
모란은 지고
뻐꾸기 운다

진정한 웃음은
더 이상 바랄 게 없을 때 짓지만
온몸으로
어쩔 도리가 없을 때
웃기도 한다
모란이 지고
뻐꾸기 울기 때문에…….

이때쯤이면

모든 것을 수용하는
대지, 바람, 물, 불의 의미를 안다
이제는
낙엽 지는 이때쯤이면
져 주는 게 이기는 것이라는 것을 알게 된다
노을 잦아드는 이때쯤이면
맥박도 약해진다
이때쯤이면
미움의 의미를 알게 된다
이때쯤이면
얇은 종이라도
양 면이 있다는 걸 알게 되고 양면도 한 장 안에 있다는 걸 알게 된다
이때쯤이면
닭 벼슬도 좌로 눕는다
이때쯤이면
어둠이 빛보다 약하지 않다는 걸 알게 된다
이때쯤이면
바람과 나무가 더불어 산다는 걸 알게 된다
이때쯤이면

젊어서는 젊은 서러움에 울고
늙어서는 늙은 서러움에
자작나무는 눈밭에 서서
그렇게 운다는 걸 알게 된다
이때쯤이면
이별보다
봄꽃이 피면 더 아프다는 것을 알게 된다
이때쯤이면
내 등불을 남에게 비춰 준다 해서
등불이 더 어두워지는 것이 아니라는 걸 알게 된다
이때쯤이면
자신의 몸에서 진액을 뽑아
자식을 키워 내는 바람의 뜻을 알게 된다
이때쯤이면
백야초의 맛도 알게 된다
이때쯤이 되어서야……
 허허허.

어두워질 때까지

장마를 몰고 오는 구름은
언제나 무서운 모습이다
제 뜻대로 한번
살아보지 못한 때문일까
단지
비 한 줄기면
자유의 몸이 될 수 있을 텐데
산다는 것이
평탄하기만 하다면
얼마나 지루할까마는
너무 고된 때는
지쳐
모든 걸 놓아 버리게 된다
어둠에서 빛이 보이는,
밝음에서 어둠이 보이는
순환의 본질
벼랑 앞에 섰을 때 일지라도
별을 보기 위해
칠흑 같은 밤을 기다렸다

어둠이 가까이 왔다
부엉이는 어둠이 내려야
날개를 편다
전깃줄에 걸린 초승달 보인다
보인다.

선운사 동백

겨울 장미보다
단단한 육신,
피었다 진다 해도
분분한 낙화 아닌
매무새 단정한 투신이다
도솔천에 들었으니
아직도
청춘일세

조개 무덤

조개 무덤의
바다를 보았는가
속속들이 비운 것은
삭을 뿐
썩지 않는다

바다는
하늘에 올라
이슬이 된다
우리는
속을
태워 버리기 위해
술잔을 들지
설산에 내리기 위해

그렇게 고요 속이면

겨울 바다에
내리는 눈 스러질 때,
저녁노을
먼 하늘까지 물들일 때,
여름 산을 벗어나는
구름을 보고 있을 때,
두물머리 안개 비 내리는 날
배 한 척 우두커니 서 있을 때,
겨울 어느 햇볕 진한 낮
처마 밑으로
낙숫물 떨어질 때,
그렇게 고요 속
창백한 어둠 속에 묻혀 있다가
아침이 오면
쫓기는 게 없이
불안한 것 없이
느긋하고 여유롭게
늪에서 벗어나
맨발로
춤을 추었으면…….

나를 태워주소서

한때는
꿈이 있었지
되돌아가는 길
애당초 없었다
따옥따옥
따오기 울거든
깊은 바다여
나를 품어주소서
대나무숲
서릿발 바람이여
나를 키워주소서
생의 마지막 빛
노을이여
나를 태워주소서
백 년 만에 피는
백 년 만에 피는
들꽃이 되리니

밧줄

초심은 거룩한 것이다
나는 누구인가
어디를 향해 가고 있나
진선미 삶을 추구하며 살아감에
옥죄이던 고통은 이골이 났고
외눈박이들과의 전쟁 승리로
경거망동하지는 않을 테야
너울아
파도야
오너라
오디세우스*여
사이렌이 울리면
그대를 옭아맸던 밧줄로
나를 동여매 주오
모든 싸이렌 소리는
멋진 어제로
추억하게 될 것이오
죽음을 곁에 두고

살아야 하는 날들이
생의 르네상스가 되기를…….

*호메로스: 소크라테스의 스승, 그리스최초의 서사시인
 호메로스작 오디세이의 주인공 오디세우스.

鐘(쇠북)

쇠 녹여
밀랍에 부어 만든 쇠북
속을 때려
멀리 헤쳐 보내기도 하고
겉을 때려
안에서 안으로
품어 안기도 한다
속을 비워
다시 살아진 장엄한 범종
삶의 무게만큼
나의 가슴 가득 찬
산중 넘실 구름바다
얼마나 더 달궈
무거운 채 비워질까
안으로
안으로 울어
버티며 산다.

보이지 않는 얼룩

대나무 그리다
먹물이 튀어
얼룩이 지고 말았다
물의 의도 되지 않았던 번짐
아니
의도되었던 것인지도 모를,
입 밖으로 내지 않았던 맹세 같은
어리석은 희망의 무덤들
절망의 은신처
보이지 않는 얼룩이 되어 있다
우리는 살아 있으므로
어디로든 움직여야 한다
별을 향해 가기도 하고
사랑을 향하기도 하고
그러나
너무 높은 곳에 걸어 두지는 말자

또 그렇게 가을이 온다

늙었다고 부모 생각이 안 나랴
덩치가 山만 하다고 아프지 않으랴

나의 딸처럼
나도 엄마가 있으면 좋겠다
몸 고달픈 날 다가가면
손발이 되어 주는,
가슴 시린 세상사
투덜거리며 찔끔 대면
등 토닥여 주는,
벅찬 기쁨에 달려 가
소리 벅벅 질러 대면
함께 웃어 줄,
언제까지나
함박꽃으로 피어 있어 줄 줄 알았지
엄마가 되어
친정 엄마가 되어
점점 커지다 못해

속이 텅 빈 갈대가 되어
가을이 오면 이렇게 아픈 줄 몰랐다
청청한 하늘 아래
푸르름이 사라지는
고목을 보면서
텅 빈 가득함을 알게 되었고
그렇게
사랑을 듬뿍 품어
비워 내는 것임을 알 때가 되어서야
짜디 짠 그리움에 젖는다.

침전의 시간

단풍마저 퇴색되고
물기 없이 바삭한
마지막 한 잎,
탄핵을 마주한 담담한 대통령,
휠체어에 노구를 앉히고
송년회를 끝내기 아쉬운 노시인,
가장 강했던 것이
약해질 때,
거부하고 싶은 시간의 자리에서
비로소
질긴 섬유질이 보인다
소리 없이 내리는
겨울 초입의 비처럼
초연히 익어 가는 양
숙연히
침전의 모습을
쓰다듬듯 내려놓아야 하는 것
나이 들어감도
그렇게 늙어감으로
익어 살아가는 것이다.

3월의 강

아직은
겨울 같은 봄
마른 강을 본다
차디찬 몽돌 널브러져 있다
빛바랜 사랑의 조각도 보인다
지난여름
헤어지기 싫어 소용돌이 치던
언저리 미련도 다가고
아직 남은
정 한 줄기
저기서 흐른다
크고, 작게, 누운 듯, 선 듯,
어우러진 자갈들
부둥켜안고 그 안에 살아간다
나도 겨우 뉘었다
아! 따듯하다
물은 천사다.

미꾸라지

땅 위로 올라가고픈 미꾸라지
논빼미에서
미끌미끌 몸부림을 치다
지쳤는지 꼼짝 않는다
제 자리를 찾지 못해서
진흙탕 물을 뒤집어쓰고
요리조리
온몸으로 길을 찾아보지만
진흙탕에 익숙할 때가 되었음에도
밝고 넓은 꿈을 향해서라고
뻐끔거리며
어두움 속에서도
흙의 냄새 물의 냄새를 가려본다
뭍으로 올라와본들
제 맘대로
살아지는 것도 아닌데,
장마로 물이 불어
뭍으로 올라온 한 놈
저렇게 또 몸부림치고 있다

"넌 미꾸라지란다."
잔인한 한마디
나를 두고 뱉은
말인지도 몰라.

바람재

능선 넘는 구름 한 점
쉬고 있기에 물었소
바람재가 어디냐고,
세상 바람 재 아닌 곳이 있느냐고,
쉬어 갈 뿐이라고.

소실점消失點

메타세콰이어
양쪽에 늘어 선 길을 걷는
신혼부부
소실점消失點*을 향해 가고 있다
충돌과
고독의 선 위에서
마침내
어떤 길을 일궈 낼 것인가
아무쪼록

*소실점: 평행선이 멀리서 만나 한 점으로 보이는 점

태풍의 눈

이별은
찰나에 느낄 수 있는
참으로 긴 아픔
그날 천국의 다리 위에서
날개 옷자락 날리며
선녀춤을 추다
바람도 없고 구름 한 점 없는
청량한 세상에서
추락을 직감한 순간
내일을 생각할 틈도 없이
벽제 화장터를 향해
단장斷腸의 악을 쓰지
단지, 악 소리만……
그를 향해서가 아니고
나의 미련함에 나를 향해서
그리고
그가 만들어 준
태풍의 눈을 찢고
거센 비바람 속으로 들어서지

태풍 망각호의 위력은 대단해서
다시 찾은 삶은
차라리 후련하지
그러나 한번으로 족해
사랑은
태풍의 눈 속에 잠시 갇힌
긴 아픔인 거야

3월의 몸살기

살다가 문득
누군가 그리운 날에
기댈 만큼 정든 사람 하나
없단 말인가
소름 끼쳐 몸살기가 됩니다
하루하루
적당한 추위와 더위에
너무도 찬란한 날들이여
떨림,
그리움,
미움.
뜨거운 사랑은
어디쯤에 들어 서 있는 겁니까
아니면
다 지나간 건지
날아오르지도 못하고
달릴 수도 없고
되돌아가자니 너무 멀어진
짝사랑에 선 것처럼

그리운 만큼 원망스러운
애증은
해 저무는 녘
더욱 안달이 나는가 봅니다
마음 줄 시간도 없어
미워할 시간 더욱 없으니
사랑은 아프고
슬픈 영화가 되는가 봅니다.

나무새의 이별

아다다를 사랑한
말하는 남자 있었네
할 말 못해
말없이 떠나야 하는,
비 오면 비를 맞고
눈 오면 눈을 맞으며
온몸 구석구석 정을 담으며
생의 마지막 인연이기만을 바란다던,
철지난 난로 옆에
웅크리고 앉아 있던 그녀에게
날지 않는 새로 살자던,
바람도 머물 수 없던 인연이었건만
심장마저 버리고
세류에 실려 가네
가까이 갈수록 멀어져야 하는 숙명
그녀의 목울음
뼈다귀 없는 세월로
흐르다 흐르다
고운 단풍처럼 질 수 있을까
보내는 이유마저 사랑인 것을

론강의 별이 빛나는 밤

고호는
그 밤 그 별
몇 살에 본 것일까
무심코 보았던
물에 비친 별빛을
아름답다 하였을까
빛난다고 다 별이 아님에도
그렇게 보며 살아온 세상
잃고 나서야 보이고
돌에 걸려 넘어져서야 보이고
깊은 물에 큰 고기가 있고
타고난 그릇의 크기가 있음을
알게 되기까지
길 없음의 시간은 그렇게
신의 시험이었겠다 싶어
그럼에도 영글어 가는 삶의 열매
얼마나 실하게 될까
허상일 망정 보고 싶은
이 어리석음.

늦 가을 비 내릴 때면

이 빗소리 들으며
지나온 길 되돌아 보게 되고
살아갈 길 다짐해 보게 된다
선비의 오동나무 뜻이 그러했고
스피노자의 사과나무 뜻이 그러했고
산천재 남명매의 뜻이 그러했듯이,

뿌리 깊게 내리며 살아감에
힘 부칠 때쯤
마음 다잡기 좋은 시간이 된다
이 비 그치고 나면
아침 산은
가을 향기 한껏 차올라
겨울로 걸음 재촉할 테지
펜 파이프 엘콘도 파샤 연주처럼
슬프지만 경쾌한
서늘함이 된다.

22시에

22시에 걸쳐 있는
달,
나무,
강,
배추,
그리고 나
길의 끝이 보이기 시작한다.

이 가을에는

어둠 깊은 공원 벤치 위에
자리 잡는 나뭇잎 몇 장 반갑다
태풍에 밀려오는 바람인가
가을을 재촉하는 바람일까
저쪽 외등 빛 내려진 곳에
나무 그림자 휘청거리고,
수줍게 단풍 드는 잎들 사이
얼굴 내미는 그믐달 정겹다
외등 빛에 펼쳐진 야경 속에
황홀하다
행복하다
어둠이 짙어
밝음은 더욱 빛난다
지닌 것을 소중하게 느끼지 못하고
살고 있음을 깨닫는다
어둠은
굳이 빛에만 집착하여
불행을 자초할 것인가
이 가을에는
누리고 사는 것들을 헤어본다.

빨간 사슴

소록도
쪼개진 하얀 타일 모자이크 안에
시뻘건 사슴이 원망하듯
아픈 눈을 하고 쏘아본다
미안해요
내 아직 눈이 멀고
귀가 멀어 이제야 찾아왔소
산다는 것이
뼈저린 아픔이야 다 있다지만
붉은 사슴만큼 아프겠소
내 아픔마저 지우고 있구려
살아야 할 이유를 모두 유린 당할
저 녹동항 건너올 때
바다는
그대의 눈물로 인해 짠물이 되었나 보오
나 아직 어릴 적
그대를 보며 무섭다고 도망 다녔소이다
이제 나는 속죄할 길이 없어
가슴속 살점 하나 떼어놓고
그저 눈물로 다녀갈 뿐이오.

원앙을 품은 장흥

석류꽃 핏물로 피던 즈음
나는 천자의 면류관을 쓴
천관산에 사는 원앙이었다
천관산 계곡을 타고 내려
탐진강 징검다리를 건너
섬의 자유를 누리는 세상을 만나
외길도 제 길인 양 살아가는
곳곳에 묻어둔 재주꾼들,
화수분 속에서
불의 말, 물의 말 들추어 내
허심탄회한 축제를 열어
태양을 삼킨 바다를 품고
밤벌레 노래에
별을 토해내는 하늘 아래
지상낙원을 논하고 보니,
차부에서 놓친 정 아쉬워
눈길 위
떠난 아들 발자국 되밟으며
가슴으로 삼킨
어느 작가 어미의 사랑과
아름답던 기억으로 겹쳐진다.

고갱이가 되다

화려했던 시절
생의 유머를 잃고
넝쿨 한가운데서 물러난
나팔꽃 진자리처럼
누추해 보인다
몸에 병이 없으면
선량해 지지 못해
가슴을 져버린
붉은 사랑은
옹이가 되나 보다
더듬어 보건데
그만한
탈피의 고통은 없었음에도
지나간 바람의 원자까지
아쉽도록 소중한 이유는
살아 태우고 있었던 터다
죽어있는 삶 속에
고갱이가 되어 있다.

112 · 빗소리는 비의 소리가 아니다

5부

눈물은 눈에서 생기는 게 아니다

알토의 소리로

어둠 속에서
제자리를 못 찾았을 때
낮은 소리로 우물거린다
안에서 밖으로 내보내는
축제가 끝나고
강열한 얼굴로
숙성을 알리고 나면
낙엽 쓸어내는 소리가 들린다
누구나 원죄의 십자가 메고 있음에도
태양을 욕심 내
45도 굽은
절벽 위 소나무처럼
빗자루 든 저 굽은 노인
자식 무탈 욕심뿐일 터
무슨 욕심 부려
저리 굽었을까
끝나가는 인생 아리아소리
내 업
내가 다 쓸고 가오
싹싹 비질 소리
아침을 연다.

솔밭에서

솔밭을 걷다 보니
신기하게 기울고 뒤틀린
소나무가
말을 건네는 것 같다
멋지게 생긴 남정네
삶의 고락을 오롯이 안고서도
힘이 넘친다
햇빛을 욕심 내
휘어진 모습인지,
살다 보니 한쪽을
포기해야만 했던 것인지,
기울면서도 하늘을 포기하지 않는
이유가 있었던 것인지,
돌 위에 돌을 안고
등이 휜 모습이다
살아가는 모든 생명에 깃든
숙명이다.

갯벌

장흥에는
유난히 넓은 뻘흙이 많다
켜켜이 비장함을 지닌
아마조네스의 땅
가난한 어머니들이
자식을 지키기 위해
비장한 마음으로 들어서
거북이 등을 하고 기어야 할 그곳
그 어머니를 돕고 싶은 아들이
서툰 작업으로 일군 사랑을
내동댕이쳐,
벗겨진 허탈한 진노가
뻘 아래 묻혀 있을
광활함 위에
주인 없는 쪽배 하나
보초를 서고
저기 모퉁이 작은 산이
경계를 지어 놓은 곳
때 묻은 발로 함부로

내어딛을 수 없는 준엄한 땅이다
가난해 쩔은 사랑의 향을 담아 낸
닳고 하얗게 바랜
조개껍질 몇 개 주워
뒷걸음으로 禮를 갖추고
마음은 더 없이 뿌듯하다.

청령포 관음송

단종 노산군
어찌 그 조그만 어깨엔
명예도 아니고
권력도 아니었을 무게가 얹혀
세상 풍파를 겪어야 했는가
버린 것이든 빼앗긴 것이든
그 높다는 자리
이미 마음에도 없었으련만,
허공에 걸린 거미줄 같은
고독의 자리에
그리움이 들어앉은
저 어둠의 거처에서
얽히고 설킨 기막히는 인연들
팔 뻗어 잡고 싶은 심정 가누지 못함을
보고 들었는가
관음송觀音松 가지마다
제 몸 이리저리 엉켜 꼬아
구렁이 감겨 숨통 조이듯
그 세월

몸으로 역사한다
왕 역시 사람인지라
비켜 가지 못하고
세상사 얽혀 얽힌
데이터 속 숫자 하나
수백 년 진혼鎭魂의 소리 울리는데
청령포 강물은 무심히도 흐른다.

태엽

정확하게 맞추라고
태엽을 감아 놓는다
시곗바늘의
자유를 빼앗는 짓이다
그리하여
나의 자유를 빼앗기는 짓이다.

농막에서

목마른 그리움 멀리 보다가,
복받치는 가슴
투명하게 울다가,
온몸에 배인 어둠
물속을 들여다보다가,
황혼병에 미치다가,
深心 껴안고
농막 저 아래
한탄강
아득하던 골짜기
그랜드 캐년을 날아
고독한 영혼의 일탈
날개 밑에 추억으로 접어 넣고
단 하루의 비행으로
붉게 태우고 왔다.

눈물은 눈에서 생기는 게 아니다

눈물은
눈에서 생기는 게 아니다
슬픔의 눈물이든
기쁨의 눈물이든
가슴 그 깊은 곳
지독한 고독 속
몇백 도에서 끓다 맺힌
생의 증류수이다.
밑바닥에 녹이 된 앙금을
따듯하게 위로 받을 수 있을 때
미처 식지 못한 결로가
무게를 못 이겨 떨어진다
그런 일은 결코
흔하지 않다
순화된 진실이
생명의 불꽃을 지펴
얼어 있던 검은 피 녹여
온몸으로 피돌기가 된다
비수 같던 육신은

허물어지고
고독의 자리엔
뜨거운 눈물이 고인다.

산천재 남명매

지리산 천왕봉 눈 녹고
덕천강 봄소식 안고 활강할 즈음
남명매 450년 세월
남명 조식 산천재 뜰에
천지기운 다시 돌아
죽어 영의정 추서 처사
설매로 피어
어제를 담아
내일을
다시 한번 충언하는가
정신을 깨운
옷고름 방울 성성자,
마음을 밝히고
의를 실천한다는
경의검
홍의장군 키워냈듯
벌떼 유별나게 모여들고
얼음정신
만발하네.

선암사 古梅

승선교 발 들여
속세의 번뇌 훌훌 털고
신선의 길 들었나
선암사 경내에
퍼지는 봄 향기
너무 황홀해
어디서 나는 향기인고?
오호라
서실 매화 묵향이
여기에 살아있네
물기 머금은
싱그런 분내음
온 천지일세
몇백 년 묵은 매화
선암매(종정매)
얼음 같은 맑은 혼
토담 기와 선 따라 흐르고
와당 너머
푸른 하늘 구름 같은
설매 한 폭 걸렸다.

원정매

老梅
古梅라
남사 예담촌 영의정 하즙의
고택 마당에
몇백 년 이어 온
묵은 장 항아리 지키던 종부인가
저항정신 충신의 넋인가
나라 구한 스님의 해탈인가
겨드랑이쯤 자란
孫과 엉켜
하얗게 웃고 있다
하안거 동안거
수백 번 거쳐
검은 수의壽衣 입은
몸피에
고개 숙인 웃음
어찌 나무라 할까
형이하학은 아니지

정신이라 해야지
저 노구老軀에 청청한 꽃이라니
해탈이다!

고사목 정당매

속세를 끊고자 생긴 절
단속사
솔거 유마상도
왜적 방화에 소실되고
그 큰 사찰
당간지주,
2기 석탑,
군데군데 흩어진
남은 흔적 만
마음 짠한데
정당 강회백
먼 길 뱃전에서
노심초사 품고 왔던
저기
정당매가
600년 세월에
고사됨을 본다면
얼마나 기막힐까
되돌아서는 발길 무겁다

귀갑송龜鉀松*은 무심하게
저토록 장골인데…….

*귀갑송: 100년 넘은 소나무 목피가 거북이 등껍질 같다하여 이르는 말

고사목 위에 흐르는 구름

곤도라의 종착지
덕유산 꼭짓점에 올라
고사목
앙상한 사지 앞에
시선이 멈추고
말문이 막힌 채
한참을 부동의 자세로
무언의 질문을 눈으로 나눈다
왜 이렇게 되었냐고
왜 여기냐고
좋으냐고
강인한 근육이지만
가련한 형상
이 황홀한 곳에서
머리 위에 흐르는
뜬 구름을 잡으려는가 보다
아직도 천년을 견딜 수 있단다.

그리움으로 피는 봄

화전花煎을 만들어 보려고
진달래 꽃 따러
뒷산에 올라 보니,
청춘 같은 봄
현기증 이는
숲은 고요하지 않다
산을 걸머지고 살던
엄마 생각이 난다
손의 움직임은 공손하며
발의 움직임은 부지런하며
마음의 거동은 겸손하고
낯빛의 거동은 당당하여라
과연 그렇게 살고 있는가
눈시울이 뜨겁다
"괜찮다. 나아질 거야"
솔바람이 속삭였나
외로울 땐
그리움도 위로가 된다.

흰 구름 흘러가듯이

무주 숨 터
적상산중 내창마을
하늘이 좁아
산이 더 높아 보이는 건지
산이 높아
하늘이 좁은 건지
태백 두문동 철쭉꽃이
외로움 달관한
창백한 웃음이라면
내창마을 산꼭대기에 걸린
구름이 그와 같다
가다 가다가 스러지더라도
주어진 생명만큼만 살아가자
너도 그러하지만
여기에 머무를 수 있는 것도
바람에 밀려가는 것도
내 뜻이 아닌 것을,
고사목이 된들
무엇이 서러웁겠는가

굴곡져서 살아가야 하듯
적상산에 안겨
잠시
가던 속도를 늦춰 보자.

새해

한 자락
미완성의 끝을 맺고
다시 또
어둡고 광막한 시작이지만
늘 그렇듯
두려움보다
희망 찬 새벽으로
받아들인다
이 모든 것은
마음에서 일어나는
현상일 뿐인지라
오관을 통해 생기는 마음
옳게 챙기는 시간이 되기를
인내의 계율 안에서
내 자신을 깨는 일에
나의 마지막 자산인 기도로
의지해 본다
새벽 열차는
어디로 향하여 갈는지

우리의 우려는
한낱 깃털의 무게인 것에
불과한 것이리.